ADOLPHE PABAN

Au bord
de la mer bretonne

ALOUETTES & GOËLANDS

RENNES

HYACINTHE CAILLIÈRE, LIBRAIRE-ÉDITEUR

2, PLACE DU PALAIS, 2

M DCCC XCIV

AU BORD
DE LA MER BRETONNE

ADOLPHE PABAN

Au bord
de la mer bretonne

ALOUETTES & GOËLANDS

RENNES

HYACINTHE CAILLIÈRE, LIBRAIRE-ÉDITEUR

2, PLACE DU PALAIS, 2

M DCCC XCIV

A LA BRETAGNE

O pays que le flot ceint d'un large ruban,
Qui, tout entier, survis au moderne massacre,
Et dont le sol, pétri de granit et de nacre,
Rit au cœur du gabier grimpé sur le hauban ;

Mes pères et tes fils étaient du même ban
Puisqu'un de tes vieux saints, que le culte consacre,
Garde mon nom gravé sous son blanc simulacre,
Et que l'Océan gronde au pied de Lann-Paban *.

A toi donc ma pensée, à toi, terre bretonne,
Si mon printemps n'est plus, les jours de mon automne.
J'ai vécu, dans tes bras, mes songes les plus chers,

O Cornouaille en fleurs, douce vierge celtique,
Qui portes sur le front la coiffe hiératique,
Et dont les yeux sont teints du bleu profond des mers !

* Lann-Paban ou, par contraction, Lababan, petit village sur la
baie d'Audierne, qui a pour patron saint Paban.

Les Mois

Janvier

A A. Le Braz.

SOMBRE est ici l'hiver, plein d'horreurs sépulcrales,
    Sur la terre et les eaux, dont l'aspect se confond,
Plein du vol des oiseaux qui, dans le ciel profond,
Egrènent chaque nuit des strideurs gutturales.

Le flot monte, en poussant des clameurs triomphales,
A l'assaut des écueils qu'il a franchis d'un bond,
Et, vers Treffiagat, les chênes courbés font
Craquer leurs rameaux courts, mangés par les rafales.

C'est alors qu'au lointain le pêcheur de Penmarc'h
Voit souvent, quand la lune a dessiné son arc,
La fille de Gradlon, Ahès, âme damnée,

La chevelure au vent, toute blanche, surgir,
Dans le grondement sourd de la mer déchaînée,
En haut des noirs Etocs ou du noir Kareck-hir.

Février

J'aime ces régions où le soleil est pâle,
Où les vents froids du Nord, pleins d'étranges sanglots,
Aux angles des glaciers brisant leur souffle mâle,
Agitent tristement les forêts de bouleaux ;

Où la lune, des nuits traversant les cieux graves,
Suspend son orbe jaune au milieu des vapeurs,
Et, sur les longs cheveux des blanches Scandinaves,
A déteint, pour toujours, en suaves blondeurs.

Je voudrais voir le steppe immobile et sans arbre,
Fuir, avec le Lapon, sur la plaine de marbre
Que dévore d'un bond l'élan au front rameux ;

Ou, sur les bords déserts du golfe de Finlande,
Assis sous quelque toit que la neige enguirlande,
Noyer mes rêves lourds dans l'infini brumeux.

Mars

A M. E. Calmette.

L A mer chante à mes pieds, d'un bleu pâle d'iris ;
La terre a des gaîtés d'enfance sur sa face ;
Mars a réveillé l'herbe et la lande vivace :
Moi, je m'assieds, tout sombre, auprès des tamaris.

J'entends pleurer au loin comme un *De profundis*,
Tandis que dans la nue un noir corbeau croasse ;
Et je songe à nos morts, aux grands morts de l'Alsace,
Qui dorment, invengés, depuis Soixante-dix.

Sans que rien ait crié sous le ciel solitaire,
Mars encore une fois va donc verdir la terre
Où sont ceux de Forbach et ceux de Frœchswiller,

Mars, le dieu du carnage et de la guerre antique !...
Et je ne perçois plus qu'un froissement de fer
Dans le bruit des galets que roule l'Atlantique.

Avril

Des espaces sans fin la lumière est maîtresse,
Avril se baigne et rit dans cet or épandu,
Et la Terre qui rêve au paradis perdu
T'aspire encor, pâmée, ô vie enchanteresse.

Pauvre Terre, on dirait qu'au cri de sa détresse
Le cœur de l'Impassible en pitié s'est fondu,
Que, si longtemps muet, l'abîme a répondu...
Et qu'enfin la Nature à l'homme s'intéresse.

Vain espoir ! c'est toujours le mystère troublant,
La grande courtisane au front de Paros blanc,
Ici comme là-bas, sous la feuille ou la palme,

Regardant, d'un œil sec, notre destin courir,
Et nous ouvrant les bras, du même geste calme,
Que ce soit pour aimer, pour naître ou pour mourir.

Mai

A ma fille Geneviève.

Mai, je ne puis te voir reverdir ma pelouse,
Entendre tes oiseaux chanter leurs virelais,
Sans penser au jardin de l'école où j'allais
Courir, marmot blondin, sous ma petite blouse.

Près de l'enclos herbu qu'emplit la mort jalouse,
Et de la vieille église aux vitraux violets,
A l'abri de ses murs, hantés des roitelets,
Mûrissaient au hasard les nèfles et l'arbouse.

Le champ des morts fouillé n'a plus son peuple sourd :
C'est une grande place, ouverte aux gens du bourg ;
L'église est maintenant neuve, blanche, et moins belle ;

Mais, dans le jardin vert aux bordures de thym,
Mon enfance est restée et bien souvent m'appelle,
Par un gémissement très doux et très lointain.

Juin

Le soleil brille sur la plaine
Comme une lampe d'Aladin :
La rose rougit au jardin
Et le vin dans ma coupe pleine.

Fraîche comme une marjolaine
Notre hôtesse apparaît soudain,
Hébé du paradis d'Odin,
Valkyrie en robe de laine.

Tout est inondé de reflets,
La salle étroite est un palais.
Oh ! qui donc a grisé mon âme ?

Qui recèle le feu divin ?
Les cheveux d'or, l'astre de flamme,
La rose de pourpre ou le vin ?

Juillet

Ainsi, nymphe d'été, vous voilà revenue,
Le soleil vous ramène avec ses rayons d'or,
Et le détroit chantant qui vous appelle encor
Sur ses lames de feu vous berce demi-nue.

La foule autour de vous, jeune et belle inconnue,
Accourt comme une meute ardente au son du cor,
Oubliant, à vous voir, la mer, mouvant décor,
Et l'infini grondant qui se perd sous la nue.

Votre œil noir est toujours un grand magicien,
Le même air de gaîté, leste et parisien,
Rit sous votre peplum aux couleurs bigarrées,

Mais vous saurez bientôt ce qu'un an accompli,
Avec le flot montant de ses lourdes marées,
Peut verser dans un cœur de sagesse et d'oubli.

Août

A M. L. Marillier.

J'ai vu plus d'une fois, au pays de Quimper,
  Les pêcheuses des bourgs, qui descendaient par troupes,
Moissonner les épis, à deux pas des chaloupes,
Tandis que les embruns s'éparpillaient dans l'air.

Je songeais à Brizeux et j'admirais leurs groupes ;
Mais ce sont toujours là les filles de la mer,
Leur voix rude a l'accent de ces côtes de fer,
Leurs mains sentent encor le goudron des étoupes.

Pour me symboliser Août, le mois puissant,
J'aime mieux la Briarde aux bras veinés de sang,
Qui s'allonge, lassée, à côté de sa gerbe,

Et, le regard tourné vers Melun ou Corbeil,
S'endort, en découvrant sa poitrine superbe,
Et ses seins, fruits ambrés, que baise le soleil.

Septembre

Voici, le long des mers, au bord des eaux saumâtres,
Les pluviers, précurseurs de l'arrière-saison ;
Les sarrasins coupés n'ont plus leur floraison,
Ils encombrent les champs de leurs gerbes rougeâtres.

Le meuglement des bœufs se mêle au chant des pâtres,
Et, dans chaque verger, près de chaque maison,
Les fruits amers et doux pleuvent sur le gazon
Des pommiers que l'on frappe à coups opiniâtres.

Septembre ! mon esprit fuit ce ciel soucieux,
Et d'autres chers tableaux passent devant mes yeux .
J'entends battre le blé dans les fermes briardes,

Autour des raisins noirs, parmi les échalas,
Voleter les moineaux et les grives pillardes,
Et sur Sénart,* au loin, tomber le soleil las.

* La forêt de Sénart.

Octobre

A Mlle *Blanche Salavy.*

Mon carnier s'est gonflé de perdrix et de cailles
Qui peuplaient ce matin la lande et le blé noir,
Tout taché de leur sang, il est superbe à voir,
Et le duvet soyeux passe à travers les mailles.

Reposons-nous, couché le long de ces broussailles,
Le bois muet s'endort à l'entour du manoir,
Déjà, dans le lointain, les feux rouges du soir
Du vieux Loc-Maria colorent les grisailles.

Au-dessus de l'Odet volent des goëlands...
Mais tandis que mon chien, soulevé par élans,
Les suit, d'un œil profond, sur le ciel qu'il explore,

Hypnotisé par l'eau qui luit dans le chenal,
Je sens tout doucement mes paupières se clore,
Aux dernières tiédeurs du soleil automnal.

Novembre

Novembre pâle, ô mois charmant et de mon âge,
Sur les coteaux, dans les vallons, tu viens encor
Pleurer au bois, mettre les bœufs au labourage,
Faire valser la feuille rousse ou couleur d'or.

Le Souvenir me parle et rit dans ton décor,
Et du passé, plein de soleil, que j'envisage,
Ta voix magique a réveillé, sur mon passage,
Tous les échos, comme un chasseur sonnant du cor.

Un désir tendre a remplacé l'ancienne fièvre ;
Un chaud baiser, sans la brûler, monte à ma lèvre ;
Jamais mon cœur plus doucement n'a tressailli.

O ma jeunesse, ô mon printemps, sourire et larmes,
Joie et candeur, me voilà donc assez vieilli
Pour vous revivre et vous goûter dans tous vos charmes !

Décembre

Vois, la chaumière est morne et sa porte est fermée ;
Les arbres du verger se tordent sous les vents ;
A peine, en haut des toits, un filet de fumée,
Montant sur le ciel clair, nous parle des vivants.

C'est décembre, ô Clara, le rameau mort qui casse
Brille, étoilé de givre, au sentier des forêts ;
La grive est revenue et la lourde bécasse
S'est levée, à mes pas, sur le bord du marais.

La mer de son murmure attriste les soirées,
Et voici que l'on pense aux barques égarées
Que les souffles du ciel emportent dans leur rumb.

Mais toi, près du foyer, penche ta tête folle,
Et, l'atlas à la main, naviguons sans boussole
Autour des continents que découvrit Colomb.

Au bord
de la mer bretonne

La Mer

Adieu la campagne, une saveur âcre
M'annonce la grève et la fin des champs :
Plus de frais jardins et de bois d'un acre,
Rien que la mer sombre et les flots méchants...

Eh bien ! je dirai l'Océan que sacre
La couronne d'or des fauves couchants,
La conque marine aux reflets de nacre,
La barque rapide et ses mâts penchants.

Sur le sable sourd, semé de coquilles,
Où les grands vaisseaux vont heurter leurs quilles,
Je chanterai l'Aube et les cieux couverts ;

Je noîrai mes yeux dans les teintes glauques
Et je forcerai l'abîme aux voix rauques
A bercer sa houle au rythme des vers.

2

A la Mer

A M. Ary Renan.

O mer, pour ta beauté j'ai des transports d'amant ;
  Soit qu'avec l'ouragan tu t'enfles et te lèves,
Soit qu'un souffle amoureux t'étende sur les grèves,
J'éprouve, à te quitter, un grand déchirement.

Je respire et je vis parmi ton élément,
  Sous les beaux soleils d'or qui te dardent leurs glaives,
Sous les nuages noirs, vagues comme des rêves,
  Qui dorment, sur ton ciel, silencieusement.

Je voudrais me résoudre en ton azur superbe,
  Avec tes flots mouvants qui parlent comme un verbe
Sourdre des profondeurs en mugissants accords,

Et, jusqu'aux bords lointains où le désir me guide
  Mon âme s'épandant au delà de mon corps,
Sentir passer en moi l'immensité fluide.

La Mer bleue

Large ruban d'azur, d'ombre et de jour teinté,
La marée à plis lourds oscille sur la côte ;
Comme à l'heure où, tous deux, nous marchions côte à côte
L'Aurore épanouit sa gerbe de clarté.

C'était là que t'ouvrant son mystère enchanté,
L'horizon infini cherchait ton âme haute ;
Là, trop sûr de ton prix pour que rien ne te l'ôte,
Je comparais ta grâce à cette immensité.

Ton ombre a retrouvé sa trace non couverte,
Et la mer, sur mes pas, avec son algue verte,
Ramène chaque songe à son murmure éclos.

Al'appel du passé, qui garde tant de choses —
Comme autrefois Vénus — dans des rougeurs de roses
Ton souvenir riant monte du sein des flots.

La Mer sombre

DERRIÈRE le cap aux profondes dents
La lune a caché sa pâle effigie,
La mer, à ses pieds, comme en une orgie,
Roule ses abois sourds et discordants.

Au sommet des tours en vain la vigie
Dresse ses foyers aux reflets ardents,
Dans un cercle étroit leur lueur rougie
Assombrit encor les lointains grondants.

Monstres et flots noirs, écueil solitaire,
Le monde marin, avec son mystère,
Recule toujours dans l'ombre sans fond.

Sur cette autre nuit où l'esprit s'effare,
O faible raison, allume ton phare,
L'espace insondé n'est que plus profond.

Les deux abîmes

A M. O. Merson.

IL fait froid, mais la nue a des teintes de braise,
Midi de sa lueur a percé les cieux gris ;
Les neiges sur la côte, où le silence pèse,
Ajoutent leur désert au désert sans abris.

Le goëland plaintif descend de la falaise
Et demande aux fucus ses festins favoris,
Ou, sondant les remous que le reflux apaise,
Etend son aile blanche et passe avec des cris.

Or, tandis que ma vue aime et cherche, incessante,
Ta face incendiée, ô mer éblouissante,
Et que l'oiseau du ciel se joue avec le flot,

Ma pensée, elle aussi, vole sur un abîme,
Et se penche pour voir, dans le gouffre sublime,
Flotter l'homme et le temps, cette énigme sans mot.

L'inconnu

Sous le rideau des mers d'étranges habitants
   Pour abri familier ont choisi chaque roche :
Là le crabe velu par les ongles s'accroche,
Et le nautile fuit dans les varechs flottants.

La squille entre deux eaux s'y montre par instants
Et la sèche y répand le venin de sa poche,
Et le poulpe, aux longs nœuds, comme une hydre s'approche,
Armé de la hideur de ses yeux éclatants.

Ainsi de noirs réseaux peuplent l'élément sombre,
Serres ou pieds visqueux cherchent tout ce qui sombre,
Dressés dans le limon ou sur le sable nu ;

Telle, au fond de mon être où vivent tant de formes,
Ma pensée, étreignant des chimères difformes,
Etend ses mille bras pour saisir l'inconnu.

Magnétisme

L E chagrin sur ta face étendait sa pâleur ;
    Nous occupions le roc que le reflux dévoile,
Moi, pour peindre l'abîme où blanchit une voile,
Toi, pour lui demander de noyer ta douleur.

Tandis que les oiseaux, bercés du vent siffleur,
Nageaient dans les sillons que le soleil étoile,
Je chargeais tour à tour ma palette et la toile,
Essayant de fixer la ligne et la couleur.

Temps perdu, vains efforts ! du même mal atteinte,
Ma main à tes pensers prenait leur morne teinte
Et cédait à l'esprit qui torturait ta chair,

Le jour, sous mes pinceaux, s'éteignait dans les ombres...
J'avais cru retracer le tableau de la mer,
Et, ce que je peignais, c'étaient tes larmes sombres.

La mer farouche

La mer farouche ulule à mes côtés ;
Or, dans l'accent de sa plainte éternelle,
Je ne sais quoi m'émeut et me rappelle
Aux souvenirs de mes jeunes étés.

Une enfant blonde, aux grands yeux veloutés,
Sous les bosquets où l'oiseau bat de l'aile
Me retenant d'un sourire auprès d'elle,
M'ouvre l'éden des amours enchantés.

Un vent léger sur les parterres passe ;
Un beau soleil, incendiant l'espace,
Dans les parfums fait blondir les clartés...

Fuis, ô mon rêve ; ici, sous le ciel sombre,
Je n'aperçois qu'un astre mort qui sombre :
La mer farouche ulule à mes côtés.

A Kerity-Penmarc'h

O Kérity-Penmarc'h, bien souvent sur ta digue
Où sèchent les tramails aux fils rougis de tan,
J'ai rêvé, l'œil perdu sur le flot éclatant,
Que tache d'un point noir la barque qui navigue.

Tes filles de pêcheurs, dont l'idiome intrigue,
Cherchant à l'horizon la voile qu'on attend,
Ecoutaient comme moi le bruit intermittent,
Qui rythme de la mer l'éternelle fatigue.

Les vieux temps me parlaient, tout à coup apparus,
Dans leur guimpe brodée et leur jupe aux tons crus,
Dans leurs yeux où brillaient d'archaïques lumières ;

Et j'embrassais, ravi, cet étrange décor :
Une église spectrale et de mortes chaumières
Que la mousse des ans revêt d'un linceul d'or.

Penhors

Penhors ! La mer immense, où, comme des oiseaux,
  Volent, par essaims blancs, les barques d'Audierne,
Où le nuage errant verse son ombre terne
Sur l'agitation sommeillante des eaux.

Plus près le varech jaune emmêlant ses réseaux,
Et, parmi les rocs droits ou creusés en caverne,
Des chevaux aux poils longs, qu'aucun mors ne gouverne,
Sous des cavaliers nus plongeant jusqu'aux naseaux.

O naïve impudeur des primitives races !
Des femmes maintenant suivent les mêmes traces
Et viennent se baigner au bord qui leur est cher ;

Pour tout voile elles ont l'eau qui les a couvertes,
Et l'œil peut caresser les tons bruns de leur chair
A chaque écroulement de ses volutes vertes.

Sur l'Odet

A M. F. E. Adam.

Tout au fond du ciel gris, du ciel de Cornouaille,
    Passe, silencieux, un vol de hérons blancs.
Sur l'Odet un beau brick aux cordages tremblants
S'avance et devant lui fait une large entaille.

Il vient du froid pays des fiords que le vent fouaille,
Du nord où sont les pins de givre étincelants ;
On dirait que leur bois, dont il chargea ses flancs,
Dans son roulis plaintif vit encore et tressaille.

Mais du quai bruissant un pêcheur de Quimper
A détaché sa barque et descend vers la mer.
Au bruit de l'aviron qui tombe et qui retombe,

Écoutez-le chanter des sônes doux et lents.
Très haut, vers Benodet, au ciel que l'hiver plombe,
Passe, silencieux, un vol de hérons blancs.

Gavr'inis

A Mlle ***.

Sur les flots du golfe qui semble
Ignorer la couleur de l'or,
Deux marins bronzés de Larmor
Nous avaient emportés ensemble.

Dans son île, Nouvelle-Zemble,
Nous visitions, plus sombre encor,
La grotte au mystique décor
Où la lueur des torches tremble.

Et moi, songeur comme un amant,
Je croyais voir, se ranimant
A l'aspect de vos formes sveltes,

Le fantôme des temps finis
Sourire à la fille des Celtes,
Dans le gal-gal de Gavr'inis.

Quiberon

Le jour mourait, sous mes paupières
Se reflétait ce dur canton,
Et j'avais partout pour barrières
Les rocs de l'Océan breton.

Au naïf enfant des bruyères,
Qui me bégayait chaque nom,
Je laissai Carnac et ses pierres,
Et je demandai Quiberon.

A l'horizon où le flot bouge,
Le pâtre, sous un soleil rouge,
Dirigea du doigt mon regard ;

Quiberon, la terre dolente,
S'avançait dans la mer sanglante
Comme la pointe d'un poignard.

Retour de Pêche

L E bateau pêcheur au large est allé ;
Poissons de tout air et de toutes tailles
De ses lourds filets ont chargé les mailles ;
Le bâteau revient vers Saint-Guénolé.

La moisson du bord — son pain et son blé —
Est dans ce monceau frétillant d'écaillés,
Dans ces homards bleus ouvrant leurs tenailles :
La barque bondit sur le flot salé.

La voilà rentrée. Au milieu des femmes,
Qui fêtent la proie arrachée aux lames,
Le patron descend, du ciré vêtu...

Le soir rembrunit l'abîme où tu plonges,
Poète attardé sur la mer des songes,
Dans ton filet d'or que rapportes-tu ?

Alouettes et Goëlands

Les Néréides

J'AI peur de l'Océan, de sa colère blanche ;
Les flots ont trop de voix, l'horizon est trop grand,
Je veux aller là-bas où l'oiseau sous la branche
Fait son nid dans les fleurs et chante en soupirant.

Pourquoi chercher si loin l'orage de la Manche,
Les sanglots de l'abîme et l'éclair fulgurant ?
Le galop infernal qui passe en m'enivrant
Vaut-il le courant calme où ma fièvre s'étanche ?

Je préfère le miel à tous philtres amers,
A l'éblouissement du soleil sur les mers
La danse des rayons sur les herbes humides,

Les lacs à l'Atlantique et la source au torrent,
Et le baiser de l'eau, limpide et murmurant,
Au baiser convulsif des vertes Néréides.

Le pays

En vain j'ai voulu fuir ; les horizons ingrats
N'ont point versé de baume à mon âme chagrine ;
Après avoir erré de marine en marine,
Mes rêves fatigués ont jonché le sol ras.

Mais voici qu'une voix m'a dit : « Tu reviendras » ;
Voici que l'air natal a cherché ma narine,
Et que mes souvenirs, sortant de ma poitrine,
Se sont levés en foule et m'ont tendu les bras.

Je pars, j'ai terminé mon exil volontaire.
Sous ton manteau de fleurs, je te salue, ô terre,
De ces champs fortunés mon pays est voisin*.

Transfuge repentant, accueille le poète,
Ma Brie aux coteaux verts où noircit le raisin,
Ma Brie aux sillons d'or où chante l'alouette.

*L'auteur est né à Paris, mais il a passé une partie de son enfance dans la Brie.

Sous les aunes

VOILA le creux tranquille où le nénuphar jaune
Ouvre, entre les roseaux, un calice éclatant,
Où la rivière glauque avec calme s'étend,
Où jamais tourbillon ne creuse un sombre cône.

Le soleil tamisé dore en paix les troncs d'aune,
Nul bruit ne vient frapper l'oreille qui l'attend,
Et la roue est plus bas qui, de son lourd battant,
Ecarte l'eau troublée en lumineuse zône.

Là je reviens souvent, loin d'un monde agité,
Habituer mon être à l'immobilité ;
· Et, pendant tout un jour nourrissant mon extase,

Je me confonds si bien avec la nappe d'or,
Que j'ignore à la fin, étonnante hypostase,
Si c'est l'eau qui sommeille ou mon âme qui dort.

Sous les bois

Dans le bois solitaire où le chasseur s'égare
J'évoquais tour à tour le satyre et l'ondin,
Quand seul à s'applaudir de son luxe mondain,
L'équipage, au grand trot, passa sans dire : gare !

A l'ombre des rideaux que la mode bigarre,
Une femme affectait un bel air de dédain,
Ou de ses yeux lascifs aimantait un gandin,
Qui riait bêtement en fumant son cigare.

Rien qu'à les voir l'abeille avait quitté la fleur,
Les chants d'oiseaux mouraient au fond du nid siffleur,
Les sources regrettaient leur phrase interrompue,

Tandis que sous les troncs en ordre linéal,
Au bord des verts fossés, pleins de menthe crépue,
J'allais, suivant mon rêve et cherchant l'Idéal.

L'étang désert

C'est un bassin désert auprès d'un vieux château,
  Dont la vasque brillait au croisement des routes
Où nul ne fait plus fuir le chevreuil aux écoutes,
Où depuis longtemps l'herbe ignore le râteau.

La forêt est sans meute et l'étang sans bateau ;
Aux splendeurs d'autrefois que l'oubli garde toutes
Des marbres survivant pleurent seuls sous les voûtes,
Vieux témoins dont la pluie a verdi le manteau.

Là les chiens aboyaient près du torse d'Hécube,
Là les cors envoyaient au lointain enchanté
Les hallalis bruyants qui sonnaient dans leur tube.

Un silence de mort à leur place est resté ;
Mais on entend, le soir, la grenouille d'été
Qui coasse au milieu des touffes de marrube.

Arbor

A M. Ernest Renan.

J'AIME l'arbre charmant comme l'aime la Terre,
    L'arbre chaste et tranquille et que rien n'a souillé,
Qu'il chante avec l'Eté sa chanson solitaire,
Qu'il gémisse, en hiver, lugubre et dépouillé.

J'ai vécu plus souvent avec lui qu'avec l'homme,
J'ai, sous ses rameaux verts, aimé, rêvé, dormi ;
Sur le tertre où mes os feront leur dernier somme,
Je le retrouverai comme un dernier ami.

Et si la mort, m'ouvrant l'infini plein de flamme,
Dans une autre existence imposait à mon âme
Un séjour bienheureux sur les globes vermeils :

« Garde, dirais-je à Dieu, tes étoiles sans nombre,
Comme un pauvre mortel je soupire après l'ombre,
Et je veux contre un arbre échanger tes soleils. »

La conque

Et j'ai quitté la plage où l'on s'enivre d'air,
La grande mer en feu que tourmentent les houles,
Les varechs où s'en vont les pêcheuses de moules,
Dont les hâles marins ont affermi la chair !

J'ai fui, pour de longs mois, les belles filles blondes
Qui s'asseyaient, le soir, sur les bateaux couchés,
Avec leur teint plus blanc que l'oiseau des rochers,
Avec leurs yeux naïfs, aussi bleus que les ondes.

N'avais-je pas ici l'ombre de ma forêt,
Un paysage aimé que rien ne dépareille ?
Et pourtant cette conque au langage discret,

Que j'ai ravie un jour à la vague vermeille,
Me dit, si je l'applique au bord de mon oreille,
Je ne sais quoi de doux qui ressemble au regret.

Vaux-la-Reine.

A M. Alexandre Piedagnel

Auteur d'un livre sur les Ambulances de Paris
pendant le Siège.

JE passais au hameau ; papillons, blondes mouches,
Epandaient à l'entour un murmure infini ;
On entendait l'oiseau pépier sur son nid,
Et les petits enfants gazouiller dans leurs couches.

Et moi je me disais : tonnez, canons farouches,
Tracez vos noirs sillons dans notre air rembruni,
Et frappez largement le monde dégarni
Sous les terribles vents qui sortent de vos bouches.

Vous n'interdirez pas, chez les hommes tremblants,
A notre instinct de croire à des forces plus sûres,
Aux mères de veiller autour des berceaux blancs,

Aux fleurs mêmes de croître entre vos embrasures,
Et, pour un coup donné, de fermer cent blessures
A l'éternel Amour qui veille dans nos flancs.

Tremendo

« OH ! viens, m'a dit plus d'une fleur vermeille,
Et, dans le sein de mon calice aimant,
Tu trouveras les feux du diamant
Et le miel pur que butine l'abeille. »

« Eros accourt où notre chant s'éveille,
J'inspire encore Anacréon dormant. »
Et la colombe avec son col charmant
Enflait sa voix à douceur non pareille.

Moi j'ai pensé, cachant mon vermillon :
Je ne suis pas ramier ou papillon,
Pas même, hélas ! le bœuf aux fortes lombes ;

J'ai gaspillé les sons et les couleurs :
Hibou, j'ai peur de flétrir les colombes,
J'ai peur, frelon, d'effaroucher les fleurs.

Inter opes inops

Ah ! donnez les grandeurs, l'or et la volupté
Au poète altéré dont l'onde fuit les lèvres :
A moi les grands palais, pleins de vases de Sèvres,
A moi les vastes parcs, pleins de roses d'été.

Enfin, je vais jouir du destin souhaité,
Enfin, abandonnant scrupule et pudeurs mièvres,
Je vais calmer la soif de mes ardentes fièvres
Et marcher, assouvi, dans ma félicité !

Mais quoi ! tout s'est glacé sous ma froide analyse ;
Je tremble de dormir avec Hopp ou Dacier
Sur le secret béant des serrures d'acier.

Fi de l'impur démon qui crée ou réalise,
Par qui tout désir manque ou pourra s'achever !
Le plus doux rêve encore est celui de rêver.

Exégèse

Joyaux du ciel terrestre, Eves au rire frais,
  Quel cri nous parle en vous de la jeunesse absente,
Quel retour du midi vers votre aube naissante,
Et quel intime élan, plus fort que vos attraits ?

La vie et le néant, pâle et triste congrès !
Pourquoi ce charme, ô fleurs de la sauvage sente,
Et cet espoir encor, que la fièvre innocente,
Nous que trente ans remplis font si vieux de regrets ?

Vous seuls pouvez le dire, Esprits, divins fantômes,
Qui de l'être éternel agitez les atômes :
Rien ne se perd, enfants, sans renaître une fois;

Votre âme dans la nôtre a pris son origine,
Et, pour nous décevoir, la Nature androgyne
A caché dans vos seins nos amours d'autrefois.

A Madame ***

I

L'ADAGIO plaintif et triste
Avait ému l'archet sacré,
Et sous vos doigts, sublime artiste,
Le grand Weber avait pleuré.

Pouvoir à qui rien ne résiste !
Plus d'un souvenir éploré
Au fond de mon cœur déchiré
Se réveillait à l'improviste.

Mais quand du thème ravissant
Je voulus retrouver l'accent
Où votre main s'était posée,

J'entendis un soupir moqueur :
Sur l'instrument et dans mon cœur,
Une corde s'était brisée.

A la même

II

Vous étiez là, belle et pleurante,
Je mis votre main dans ma main
Et vous fis suivre un long chemin
Sur le bord de la mer courante.

Que disions-nous, moi, triste et las,
Vous, fuyant tout chagrin qui dure ?
— Ce que dit le vent qui murmure
Dans la voile qui pend aux mâts —

Oiseau de jeunesse éternelle,
Vous avez retourné votre aile
Au soleil qui dorait vos pas ;

Moi je suis, pris d'un mal intime,
Ce jour qui suivait dans l'abîme
Ces flots qui ne reviendront pas.

A une belle Normande

Au pied du frais bassin où s'étage Arromanches,
   Sur le sable poli tu glissais sans effort,
Si belle... un flot de gaze à l'entour de tes hanches,
Et le front coloré comme une aube qui dort.

C'était l'heure du flux et, sur leurs frêles planches,
Les pêcheurs attardés interrogeaient le nord :
Leur flotte qui semblait un vol de mauves blanches,
Rétrécissait son cercle et nageait vers le bord.

Mais toi, l'âme perdue en quelque chaste rêve,
Regardant tour à tour l'horizon et la grève,
Tu menaçais la mer, qui venait sur tes pas,

Du bout de tes doigts blancs, où s'enchâssaient des bagues ;
Et moi je m'étonnais, cherchant pourquoi les vagues
Méconnaissaient leur reine et ne s'arrêtaient pas.

Amours finis

L'EAU déferle sur les amers,
   Les grands oiseaux qu'on voit à peine
Ont étendu leur longue penne
Sur l'horizon triste des mers.

Pourquoi tant de pensers amers ?
Dans ton regard voilé d'ébène,
Dans mon âme où descend la peine,
Je bois le spleen à pleins rœmers.

C'est qu'une pensée indiscrète
A surpris, dans notre retraite,
Le vide de nos amours clos,

Et pèse sur nos tempes hâves,
De tout le profond des mers caves,
De tout le sinistre des flots.

Le vin d'Alsace

Dans les grands verres de Bohême,
Colorés d'un jaune citrin,
Comme les perles d'un écrin
Ruisselle le vin blanc que j'aime.

Amour, adieu, charmant poëme,
Le vin a tort, je suis chagrin,
Car je bois dans la coupe même
Où buvait la fille du Rhin.*

Tout à l'heure un trompeur mirage
Vient de me rendre son image,
Hélas ! et je crains d'épuiser,

En touchant à ces fraîches ondes,
La couleur de ses tresses blondes
Et la saveur de son baiser.

* *Le Rhin français : il l'est encore.*

A Madame L. Th.

Aн ! disiez-vous, cœur tourmenté,
Toujours passer, quelle existence :
L'affection sans persistance
Et l'oubli de quelque côté !

— Non, croyez-moi, l'éternité
N'est que dans la mort ou l'absence ;
Ce qu'userait l'accoutumance
Retrouve là sa fixité.

Tout, en ce bas-monde, homme ou chose,
Pour conquérir l'apothéose
Doit sortir de notre milieu,

Et l'image n'en est complète
Qu'à l'instant où le tête à tête
S'est transfiguré dans l'adieu.

4

Grand soleil

JE suis las du brouillard et je suis las du vague
— L'ondine a beau pleurer sous les flots du grand cap —
Et je laisse le spleen, glacé comme la vague,
Avec la bière d'or dans le fond du hanap.

Mes rêves turbulents, dont l'essaim extravague,
Courent vers le soleil un fougueux handicap :
Je veux un ciel de feu, luisant comme une dague,
Ou les rayons du soir sur les fleurs du jalap.

Mes vingt ans ont repris leurs ardeurs non calmées ;
Je vais poursuivre encor l'abeille des almées
Et le chant clair qui tinte aux anneaux de leur pied.

Donnez-moi le midi, l'Arabie ou la Perse,
Les yeux noirs du Tropique ou le regard qui perce
Les dentelles de bois du moucharabieh.

La légende

A M. Luzel.

Légende, où te trouver encor,
Quand le monstre aux noires bouffées
Met, sur nos routes tarifées,
Son pied de fer sur ton pied d'or ?

Rendez-moi le pays d'Arvor,
Brocéliande avec ses fées,
Les vieilles villes étouffées,
Tolente, Ker-Is, Occismor.

Heureux cet âge dont les mythes
Savaient dépasser les limites
Où nous arrêtons notre ciel,

Et qui, songeant un plus beau songe,
Noyait dans l'idéal mensonge
Le froid mensonge du réel !

La jeune fille

Sous le toit fait de chaume et fleuri de joubarbe,
Laissant sur ton col blanc flotter ton bavolet,
Pour saluer les champs qu'un souffle frais ébarbe
Ta main, ô jeune fille, entr'ouvre le volet.

Profil aérien, tu souris dans ton cadre
Comme une vision de Gœthe ou de Bürger,
Et, d'un regard rêveur, tu suis la folle escadre
Des nuages pourprés qui voyagent dans l'air.

Pourquoi ne puis-je, enfant, mieux que la capucine
Qui vient mêler sa pourpre à ta fraîcheur voisine,
De ta chaumière nue embaumer la paroi,

Au soleil indiscret, au vent livrer bataille,
Et sentir, t'enlaçant des pieds jusqu'à la taille,
Les fleurs de mes désirs s'ouvrir autour de toi ?

Aqua-tinta

SES grands yeux étaient transparents et vagues
Comme un froid tableau peint en camaïeu ;
Ses doigts où brillait le chaton des bagues
Etaient tristement veinés d'un sang bleu.

Sa tête n'avait ni rougeurs ni hâles ;
Les désirs sans feu hantaient ses esprits,
Comme fait l'hiver un vol d'oiseaux pâles
Qu'on aperçoit mal au fond des cieux gris.

Sous les plis flottants du linceul de neige,
Bouton alangui, dont l'arbre s'allège,
Elle a laissé choir son front somnolent.

Et moi qui l'aimais et qui l'ai connue,
Je viens déposer sur sa pierre nue
Le nymphæa jaune et le pavot blanc.

Le pays de l'ombre

Où volent les pâles cohortes
Des songes qui nous ont bercés ?
Où vont nos amours trépassés ?
Où vont nos espérances mortes ?

Flétris pendant nos courts étés,
Dans quelle région fantasque
Revivent les traits enchantés
Dont nos cœurs ont gardé le masque ?

Dans quel coin du ciel étoilé
Ce qui déjà s'en est allé
A-t'il son ombre qui persiste ?

La fleur sèche — Où l'arôme est-il ?
Le chant meurt — Quel monde subtil
Prend l'écho langoureux et triste ?

Juvenilia

J'AIMAIS et j'aime encore les bals de la banlieue ;
     Avec un vieil ami qui dort sous le gazon,
Pour aller oublier mon cœur et ma raison,
Souventefois, le soir, j'ai fait plus d'une lieue.

Point de parquet luisant, ni de robes à queue,
Une tente de toile au sonore frisson.
L'orchestre nous montait à son diapason,
Epris de quelque belle à la ceinture bleue.

Puis la fatigue et l'heure alanguissant les seins,
Nous gagnions une sente où, propice aux larçins,
La lune promenait notre ombre découpée.

O pages que l'on marque avec un signet d'or !
Je vois la joue en fleurs et la robe fripée
Sous plus d'un tronc feuillu, qui se souvient encor.

La taverne

C'ÉTAIT une taverne sale,
Des toiles pendaient au plafond
Et l'odeur que l'ivresse exhale
Imprégnait le cœur jusqu'au fond.

Mais, du milieu des pots pleins d'ale,
Dans le bruit que les buveurs font,
Surgissait une forme pâle,
Au port de reine, à l'œil profond.

« Du gin ? » dit une âme en détresse,
« Alexandre ? » appela l'hôtesse,
D'un ton de voix enamouré.

J'attendais, hôte qu'on relègue...
Alexandre était borgne et bègue :
Sur ma parole, j'ai pleuré.

La fermière

Fille de fermière au bonnet de tulle,
Je l'aimai longtemps et j'allais la voir,
Sous les grands pommiers, près de l'abreuvoir,
Dans le clos désert où le trèfle ondule.

Avec la Raison l'Amour capitule :
Un hymen l'a prise, austère devoir,
Et m'a laissé seul à me décevoir,
Pauvre cœur piqué par la tarentule.

A roman sans corps, regrets sans couleur ;
Si le parfum reste où passa la fleur,
Je n'ai plus souci de la fille brune,

Mais parfois je fuis le monde étouffant,
Pour venir chercher mes pudeurs d'enfant,
Dans son jardin vert où mûrit la prune.

La rainette

Je ne me trompe pas : voilà les vieux donjons,
Et le bois solitaire autour de la chartreuse,
Et la prairie en fleurs et la fontaine creuse
Où le martin-pêcheur se posait dans les joncs.

Tandis que sous cette eau, faisant mille plongeons,
Coassait la grenouille et gloussait la macreuse,
J'échangeais ces baisers de la jeunesse heureuse,
Qui reviennent au cœur, les jours où nous songeons.

Hélas ! depuis dix ans le castel est sans maître ;
L'étang noir et bourbeux ne peut me reconnaître ;
C'est un cloaque impur, par les fauves hanté.

Adieu !... mais non, retiens le sanglot qui t'échappe,
Tout aime et rit encor, car, sous la lourde nappe,
La voix du souvenir, la rainette, a chanté.

Le Destin

A M. O. Merson

O vieux Destin, de tant de charmes
　　Tu paras l'amour redouté ;
Pourquoi les pleurs et les alarmes
Sont-ils sans cesse à son côté ?

C'est que l'aiguillon dont tu l'armes
En redouble la volupté ;
A travers le rire ou les larmes
Tu répands la fécondité.

Qu'importe à ta loi ferme et sûre
Si je gémis de ma blessure !
Mes sanglots ne sont pas les tiens.

O douleur, prenez-moi pour cible,
Tu poursuis ta course impassible,
Fort de tes éternels moyens.

Une rencontre

J'ERRAIS par la campagne et, sur le champ forain
  Où vous m'aviez conduit, ô mon humeur fantasque,
Géants, danseurs de corde, en habit rose, en casque,
Ouvraient à tout venant l'antre de Tabarin.

Or, parmi les tréteaux, montrant un loup marin,
Une fille jouait de son tambour de basque,
Quand je la reconnus par le coin de son masque,
Caprice inavoué de mon cœur pèlerin.

Autour de moi la foule admirait son allure,
Ses mollets bien tournés, sa fine chevelure ;
Je montai l'escalier par un élan soudain.

Elle me regarda de ses yeux les plus braves :
Je lui devais l'oubli de mes amours trop graves...
Et je donnai deux sous à l'Amour baladin.

Mélancolie

QUE font les fleurs au gai sourire ?
Où sont les larmes du printemps ?
Mon âme meurt à tous instants
D'un chagrin qu'on ne saurait dire.

Les rossignols s'en sont allés
Laissant la rose et le grand hêtre ;
Le choucas pleure comme un prêtre
Sur les catafalques voilés.

Où donc les pommiers sur la pente,
Et le ruisselet qui serpente
En gazouillant comme un ténor ?

Comment, sur sa rive endormie,
Unir les cheveux de ma mie
A la fraîcheur des boutons d'or ?

Le paradis terrestre

Vous qui croyant souscrire aux lois du dieu vivant
Reniez Dieu dans l'œuvre échappé de sa droite,
Et mourez chaque jour, ô secte maladroite,
De la peur de mourir à l'espoir décevant ;

Fermez-vous tant les yeux quand vous allez rêvant,
Le jour luit-il si peu pour votre vue étroite,
Que nous trouvons encor l'église et le couvent,
Dans ce haut paradis que votre essaim convoite ?

Fustigez jusqu'au bout vos âmes sans ressort ;
Faites ce beau projet d'entrer par où l'on sort ;
Hors de ce monde, enfin, cherchez un autre monde ;

Moi je laisse, ébloui de nos vastes confins,
Pour la terre, céleste avec Ève la blonde,
Le ciel, problématique avec les Séraphins.

Epicurisme

ENLAÇONS au hasard houblon et folle vigne,
La prose et l'idéal, Virgile et Rabelais,
Dans les bons vins gaulois trempons l'aile du cygne,
Et convoquons la muse et les esprits follets.

Fils d'un monde inconnu qu'aucun maître ne signe,
Si la Fatalité nous tient dans ses filets,
Sans préjuger le lot que le sort nous assigne,
Tirons l'oubli certain du fond des gobelets.

La joie et la douleur, à travers les cieux mornes
Visant un but divers, touchent aux mêmes bornes,
Le printemps et l'hiver blanchissent nos cheveux.

A la chaîne du temps rivons nos âmes fortes :
Buvons à notre vie, œuvre des races mortes,
Buvons à notre mort d'où naîtront nos neveux.

Panthéisme

A M. R. Damedor.

O science sainte de l'être,
J'ai votre lumineux émoi,
Je suis le dieu, je suis le prêtre,
L'univers se révèle en moi.

Anneau de la chaîne infinie,
Tout ce qui vit me tend la main,
Dans le grand-tout je communie,
Homme aujourd'hui, plante demain.

Tout atôme a la vie infuse,
Rien ne se perd et rien ne s'use,
Tout naît et rentre au même point.

Je roule dans l'éternel orbe,
La grande matrice m'absorbe,
Je change, je ne péris point.

L'orpheline

D'un long voile de deuil couvrant sa tête brune,
La fille est à genoux et, de ses doigts fluets,
Suspend au marbre noir la rose et les bluets ;
Elle a perdu sa mère, ô cruelle infortune !

Le champ glacé l'a prise où les rayons de lune
Dansent autour des croix leurs tristes menuets,
Où plus d'un affligé s'en vient, à pas muets,
Associer la mort à sa vie importune.

Ah ! laissons les cercueils, l'athéisme est au fond.
Ma mère !... hélas ! ce cri déchirant et profond
N'a jamais du trépas percé la sombre porte.

Un corps gît sous les plis du linceul étouffant,
Un corps !... mais avec l'âme on aime son enfant,
Et si rien ne répond... c'est que notre âme est morte.

Sub Sole

Le mal tordait l'enfant dans sa crise suprême ;
Au fond de la chaumière on voyait, hors des draps,
Par élans convulsifs saillir de petits bras,
Et des yeux s'enfoncer au-dessous d'un front blême.

Sa mère, à ses côtés, plus blanche que lui-même,
Et parlant au martyr, qui ne l'entendait pas,
Pour apaiser le râle horrible du trépas,
Versait entre ses dents un dernier apozême.

Cependant, près du toit où Dieu mettait la main,
Deux femmes s'accostaient, menant par le chemin
Leurs chérubins bouclés plus frais que des grenades,

Et comme mes regards se reposaient sur eux :
« N'est-ce pas, me dit l'une, un temps de promenades ?
Que, par ce beau soleil, les enfants sont heureux ! »

Un Tartufe

« C'EST un dévot chrétien, c'est un sage, un bramine :
Le ciel luit tout entier dans son regard contrit,
Son maintien dit assez les erreurs qu'il proscrit,
Et les plus doux péchés sont ceux qu'il abomine.

« Le mortel disparaît sous l'œil qui l'examine,
L'apocalypse saint sur sa face est écrit,
Et les combats livrés par la chair à l'esprit
De l'ascète vainqueur ont allongé la mine. »

— Ainsi parle le monde où ce livre est ouvert ;
Mais moi qui vais au fond, j'ai souvent découvert
Le rictus du démon sur le masque des anges.

De semblables élus, Dieu seul sait le combien :
Ce n'est qu'un cœur blasé qui rit de vos louanges,
Et suit l'attrait du mal dans la saveur du bien.

Le bouclier

Oui, j'admire tout dans Horace,
Et l'inconstance et les beaux vers,
Le pêcheur qui demande grâce,
Et le printemps sous les hivers.

Mais j'ai honte d'un seul passage,
Le passage du bouclier ;
J'ai honte et je veux l'oublier :
Là le soldat fait tort au sage.

Le poëte est homme de cœur ;
Tout combattant n'est pas vainqueur,
Mais le lion grandit l'esclave.

Qui sait mourir peut s'enflammer ;
Il faut aimer pour être brave,
Devenir brave pour aimer.

Dogmatisme

A un sculpteur

L E mysticisme au vague terme
    Alanguit le cœur et la main ;
Poursuivons l'idéal humain
Dans le contour vivant et ferme.

Avec ce monde où le gland germe,
Où l'herbe verdit le chemin,
Où la chair revêt son carmin,
Le cercle artistique se ferme.

Sous la forme et sous la couleur,
Animant la Nature en fleur
Que la vie éclate et s'explique :

Qu'il soit femme, éphèbe ou lion,
Couvrons le marbre pentélique
Du baiser de Pygmalion.

Symbole

C'ÉTAIT un marbre blanc ; Apollon au théorbe,
Tout près de l'Océan au magique concert,
Et seul, au bout du parc, dans un rond-point désert,
Il rêvait sous les bois, où rougissait la sorbe.

Sur son socle brisé le chardon et l'euphorbe
Croissaient, jusqu'à mi-corps flottait un réseau vert ;
Mais il levait ses bras et son front découvert
Hors des lierres pesants qui gagnaient d'orbe en orbe.

Poëte, fais ainsi : la statue a raison.
Qu'on entasse à tes pieds les dards ou le poison,
Que l'envie acharnée autour de toi s'enroule,

Tu dois, te raidissant comme un buste d'airain,
Et dominant le flot d'un geste souverain,
Dresser ta tête calme au-dessus de la foule.

Une visite à l'Exposition de 1878

C'ÉTAIT par un ciel triste, ombre et couleur de Sienne,
Et je traînais mes pas sous le palais vitré
Qui, des trésors du monde un moment encombré,
Faisait sœur des rajahs la cité parisienne.

Cette splendeur d'emprunt, qui devenait la sienne,
Assombrissait encor son ciel mal éclairé,
Tandis que je suivais au pays préféré
L'Imagination, folle magicienne.

Des tons noirs descendaient des nuages pesants
Sur les selles de l'Inde et les tapis persans ;
Un vent froid, par instants, me mordait à l'échine,

Sans m'empêcher de boire, au bruit des gouttes d'eau,
Le soleil qui flambait dans les laques de Chine,
Les émaux de Ceylan et les ors d'Yédo.

Souvenir de l'Exposition de 1889

LES JAVANAISES

DANS un café français, plein de vapeurs grossières,
Loin du pays étrange où votre âme s'en va,
Le sein couvert de cuivre, en casque de guerrières,
Je vous revois encore, ô filles de Java.

Aux sons du gamelang, harmonisant sa strophe,
Le regard dédaigneux, le geste somnolent,
Vous mîmez, en jouant avec un pan d'étoffe,
Je ne sais quel mystère, hiératique et lent.

La note tinte, tinte... et devant moi se dresse
Votre île aux bois profonds, terrible, enchanteresse,
Où sont les oiseaux d'or et le félin tyran...

Et le désir me prend de baiser vos chairs nues
Et d'éteindre en vos bras, jaunis par le safran,
L'inextinguible soif des choses inconnues.

De Amore

Le sentiment, dis-tu, fait les rimes banales :
Béatrix est une ombre et le Dante est bien mort,
Et nouveau converti, Tacite, sans remord,
Sur le turf, en argot, écrirait ses annales.

Sous l'aiguillon ardent des caresses vénales
Le monde tout entier s'abandonne et se tord ;
Le baiser le meilleur est celui qui le mord,
Et l'Amour est pour lui le Dieu des saturnales.

— Eh ! que m'importe à moi ! cet idéal m'est cher
Qui fait chanter l'esprit aux ardeurs de la chair ;
Je préfère au réel le plus lourd des mensonges.

Mon cœur toujours plus haut entraînera mes sens,
Dussé-je le dernier, ivre de mon encens,
Comme un prêtre à l'autel, n'adorer que mes songes !

1869.

Incantation

J'ai froissé sous mes doigts une feuille de menthe ;
Mon souffle a reconnu l'arôme préféré,
Et l'esprit de la plante, en mon sein attiré,
M'a conduit près d'une eau que le jour diamante.

L'âme des grands prés verts y pleure et se lamente ;
A courir leurs parfums le vent s'est enivré ;
Il nous jette, en fuyant, comme un soupir navré,
Et l'Eglé du poëte a rougi sous sa mante.

O fraîcheur du matin, qui renais et qui ris !
Je souffrais tout à l'heure et mon ciel était gris,
Un philtre assoupissait ma paupière dormante.

Soudain j'ai vu passer, dans les airs éclatants,
Comme un sillon de feu, l'amour et mes vingt ans :
J'ai froissé sous mes doigts une feuille de menthe.

Loin du but

PYGMALION ! dit la statue,
Je suis de chair, approche encor —
Et l'Idéal, divin trésor,
A quitté l'idole abattue.

Sur une mer toujours battue
Poursuivons quelque toison d'or,
Et tuons, à force d'essor,
La Réalité qui nous tue.

Plus le but est long à toucher,
Plus son rêve enflamme l'archer
Et lui rend chère chaque transe.

Tout succès de mort est suivi,
Tout désir à peine assouvi
Porte le deuil d'une espérance.

Le maëlstrom

— Es-tu pour Jésus ou Voltaire,
Parmi les purs ou les félons,
Du grand progrès humanitaire
As-tu monté les échelons ?

Portes-tu ton regard austère
Sur les sommets ou les vallons,
Pour y chercher, ardent sectaire,
Les rois du siècle où nous allons ?

— Laissez-moi, j'ai fermé l'oreille
Au mot déjà vieux de la veille
Que le lendemain a banni,

Et je descends, toujours, sans trêve,
Comme Edgard Poë dans son rêve,
Le maëlstrom de l'infini.

Grande halte

J'ai quarante ans, ma vie a déroulé ses fastes,
M'apportant tour à tour le plaisir ou le deuil ;
Les Grâces, en riant, ont dansé sur mon seuil,
J'ai senti le baiser des fantômes néfastes,

J'ai tout scruté, les nuits, les jours, brûlants ou chastes,
Les cris de la chouette et le chant du bouvreuil ;
Et je me suis enfin assis dans mon linceul,
Sur l'abîme comblé des espérances vastes.

Or que me reste-t'il, âme et cœur éprouvés,
Le voyage accompli des avenirs rêvés,
Le dur savoir acquis des hommes et des choses ?

La haine de l'hiver et l'amour du printemps,
L'ineffable désir d'éterniser les roses
Et d'immobiliser la jeunesse et le temps.

Au bord de la mer bretonne

Nature

A un ami.

AMI, vous dites vrai, hors des humains combats
Appelons avec foi l'Idéal à notre aide
    Et du Réel, qui nous obsède,
    Refermons les horizons bas.

Assez d'autres sans nous, qui serions des copies,
Croyant ravir le monde à la Fatalité,
    Pour ce grand malade alité
    Ressasseront les Utopies ;

Assez d'autres peindront, d'un style spécial,
L'âge d'or retrouvé, l'éden imaginaire
    Où sans Jud et sans Lacenaire
    Fleurira l'ordre social ;

Nous pour qui l'Univers n'a pas besoin de limes,
Soyons heureux de voir que le Progrès humain
      N'a pas encor porté la main
      Sur un seul flot des mers sublimes ;

Qu'il n'a pu s'imprimer sur les sommets alpins,
Ni dérober le jour sous un rideau de serge,
      Et que le ciel est encor vierge
      De nuages en cartons peints.

La Nature, ce temple aux éternels pylônes,
Nous sourit, toujours jeune en son immensité,
      Sur la triste caducité
      Des Paris et des Babylones.

Pour donner à nos vers de célestes appas,
Nous lui prendrons, perdus dans le bleu de l'espace,
      Au-dessus de tout ce qui passe,
      Son azur qui ne passe pas.

Et peut-être, embrassant nos chimères proscrites,
Trouverons-nous au creux de quelques verts vallons,
      Loin de l'enfer de nos Solons,
      Le paradis des Théocrites.

                    1874

Printemps breton

A M. Louis Hémon

L E voici revenu, calmant l'eau dans les anses,
Rendant aux plus craintifs la barque et l'aviron,
Le beau printemps breton qui fait fleurir mes stances
Et peint de tons si frais, de si fraîches nuances,
        Les prés mouillés de Laniron.

Les bois du Corniguel tressaillent jusqu'au faîte ;
Adieu la brume sombre et le sombre ouragan ;
Les mauves dans l'Odet baignent leur blanche tête
Et les corbeaux bavards poussent des cris de fête
        Sur Lanroz et sur Kerogan.

Maintenant dans la baie, ouverte à l'improviste,
Dont la vague n'est plus qu'un étincellement,
Dans les courtils riants, autour du manoir triste,
Par la lande aux fleurs d'or, qui plie et qui résiste,
        Le vent soupire doucement.

C'est comme une magie à travers la campagne ;
Une sirène chante au cap Coz, à Beg-Meil,
Et, sous tes chênes verts, cette langueur me gagne
Qui fait ton œil si vague et te berce, ô Bretagne,
        Entre la vie et le sommeil.

La fleur d'Armor

Dès le mois de Mars, l'ajonc aux mille dards
    Fleurit partout la terre bretonne ;
Partout sur ces bords où le flot sombre tonne
    Il se hérisse en buissons épars.

Les dards acérés forment comme une égide
    Aux bouquets d'or qu'on ne cueille pas,
Et ce n'est qu'avec la pointe du penn-baz
    Qu'on peut toucher la plante rigide

C'est bien ton symbole, ô dur peuple d'Armor,
    Rameau fleuri d'une antique souche,
C'est ta douceur jointe à ton abord farouche,
    Cercle de dards autour d'un cœur d'or.

Le chant du coucou

Sous l'ombre où je me dérobe
Le coucou chantait son chant,
Quand elle arriva marchant
Dans le froufrou de sa robe.

L'astre tombait, rouge globe.
Un chaud rayon du couchant
Baisa son beau front penchant,
Son oreille au rose lobe.

Je fis comme le rayon
(Ah ! tout mon soir, froid haillon,
Pour que ce soir là renaisse),

Je l'embrassai sur le cou...
Revenez, ô ma jeunesse,
J'entends le chant du coucou.

Les brûleurs de goëmons

A M. René Huette

LEUR vieille chaumière est assise
Au bord de la mer qui bruit
Incessamment, le jour, la nuit,
Sous le soleil ou par la bise,
Leur chaumière de pierre grise.

Un tas de genêt est devant
Pour brûler, quand l'hiver sans borne
Fait le ciel bas sur la mer morne
Et que la pluie avec le vent
Vient d'Audierne ou de Plovan.

Ils ont pour unique richesse
La cendre des goëmons roux,
Arrachés aux flots en courroux ;
De leurs feux la fumée épaisse
Sur la côte roule sans cesse.

Dans leur habit très ancien,
Brodé d'hiéroglyphes jaunes,
Leurs femmes semblent des icônes
Que quelque mystique lien
Rattache à l'art phénicien.

Que la mer soit calme, ou, sublime,
Ait des vagues comme des monts,
Près de leurs feux de goëmons
Ils vivent dans un rêve intime,
Extasiés devant l'abîme.

L'été, par les soirs embellis,
Ils fument leur pipe de terre
En haut de quelque cap austère ;
La voix des vents et des courlis,
L'hiver, les berce dans leurs lits.

Ainsi vieillissent, sans servage,
Pauvres, mais fiers comme pas un,
De Lesconil au cap Sizun,
Ceux que nourrit la mer sauvage,
Les *goëmoniers* du rivage.

1891

Demi-jour

A M. Louis Hémon.

J'AI peur du long sourire et des longues gaîtés,
Implacables rayons des fronts et des étés.
Cet horizon me plaît qu'un nuage traverse
Et ce regard brillant qui meurt sous une averse.
Enfant, par mes aïeux, de la brune Haïti *
Où le sang échauffé brûle au corps alenti,
Où l'on voit resplendir la nudité des mornes
Sur l'éternel éclat de l'Océan sans bornes,

---

* L'aïeule maternelle de l'auteur est née à Haïti. Son père, M. de Bayle, commandant général de la circonscription nord de l'île, au moment de la révolte des nègres, succomba le 12 février 1793, à la suite des fatigues et des privations qu'il eut à endurer en combattant l'insurrection.

Où, dans leurs lits séchés l'Yaque et l'Ozama
Se plaignent au soleil du feu qui l'anima,
J'ai toujours recherché l'Ouest aux clartés douces,
Les grands arbres couvrant l'humidité des mousses,
Le bord des Océans noyé par le brouillard :
Le plein jour est mortel pour le rêve et pour l'art.
Je vous atteste ici, nuages de la Manche,
O flots du Morbihan, coiffés d'écume blanche,
Grèves de la Bretagne où, sans suivre Brizeux,
Je suis venu sculpter mes rythmes paresseux.
Là, le sourire est grave et, fleur à demi-close,
La bouche, en s'entr'ouvrant, sait garder quelque chose ;
Là le cœur et le ciel, souvent vêtus de deuil,
Ne se laissent jamais pénétrer d'un coup d'œil.
Ne faut-il pas plonger sous l'eau sombre et glacée
Pour recueillir la perle en sa gaîne enchassée ?
Loin de moi les regards dont le piquant hardi
A l'âcre acuité des cactus du midi ;
Des cheveux blonds flottants sous de blondes nuées
Prennent mieux à leurs lacs les âmes remuées.
Dites si je m'abuse, ô filles du Bessin,
Dont le souvenir chaste est resté dans mon sein,
O lis du Morbihan, ô vierges de la côte
De Nevez, de Fouesnant*, dont je suis encor l'hôte.

* On prononce Foinant.

Vos yeux discrets et doux sans peine m'ont soumis,
Car, pour tenter nos sens, le grand artiste a mis
Je ne sais quelle grâce, attirante et divine,
Dans tout ce qui se voile et ce qui se devine.

L'étoile

(IMITATION)

Au moment où la Nuit répand sur son chemin
Ses milliers d'astres blancs, lumineuse semence,
Pâle et les yeux fixés sur l'Empyrée immense,
Il montait la colline, un filet à la main.

Un filet à la main, fait de gaze légère,
Comme en porte l'enfant qui chasse aux papillons,
Il essayait, courant de rayons en rayons,
D'enfermer en ses plis leur lueur mensongère.

Il arriva bientôt sur le plus haut degré
Et tendit tout son corps vers l'étoile lointaine,
Puis retomba, voyant sa tentative vaine,
Avec un long sanglot, morne et désespéré.

« Que cherchez-vous, » lui dis-je. Il me montra d'un geste
Le filet inutile et le ciel fulgurant :
« Peut-être pourrez-vous, si vous êtes plus grand,
Atteindre à Sirius, à l'étoile céleste. »

« Hélas ! soupira-t-il, lorsque j'eus comme lui
Tenté de prendre l'astre à sa lueur qui tombe,
J'aurais pourtant voulu la porter sur sa tombe,
L'étoile qu'elle aimait sur sa tombe aurait lui. »

Il la chercha longtemps son étoile enflammée,
Tant qu'un soir, dans le fleuve aux flots de diamant,
Il la vit scintiller comme en un firmament
Et s'élança vers elle et vers sa bien-aimée.

L'espoir

C'EST l'heure où la Nuit tend les cieux
      Sublimes,
Et dérobe plaines et cimes
      Aux yeux.

Seul, au fond du parc, sous un arbre
      Tremblant,
Apparaît, lumineux et blanc,
      Un marbre.

Telle en nous, lorsque tout est noir,
      S'efface,
En un coin brille encor ta face,
      Espoir.

Au pardon des Oiseaux

Au pardon des Oiseaux, sous la verte forêt,
Pour charmer gravement les filles des prairies
Qui dansaient sur la mousse, en longues théories,
Ce soir, à Toulfouën, le biniou pleurait.

Il pleurait et son pleur au singulier attrait
Me rendait du passé les lointaines féeries,
Et tout ce qui tomba de roses défleuries
Dans l'éden enchanteur où ma jeunesse errait.

Les Amours, les Espoirs de mon Aube enflammée
Rouvraient, en défilant sous leur robe lamée,
Leurs yeux dont la lueur sur moi se refléta,

A la Nuit, au tombeau, multitude ravie...
Tandis que vous dansiez, filles de la Laita,
Je regardais passer les ombres de ma vie.

Au Stang-Ala

PAYSAGE frais et charmant,
Les chemins creux, les bois et la lande bretonne,
Et les grands silences d'Automne,
Qui vous parlent si doucement !

Là bas, sous des lueurs moins proches,
Au pied d'un pan abrupt, d'herbe et d'ajoncs couvert,
Comme l'eau coule, d'un beau vert,
Frétillante, à travers les roches !

Avec son feuillage mourant,
L'arbre évoque le deuil au fond de la pensée ;
Descendons la pente boisée
Jusqu'à la rive du courant.

Du moulin que là menthe embaume
J'entends le tic-tac sourd, à côté du vieux pont,
Un frêle oiseau qui lui répond
S'est posé sur le toit de chaume.

Ah ! qu'il ferait bon vivre là
Quelque intime roman que seul le rêve étoile,
Un dernier amour qui se voile,
Dans les gorges du Stang-Ala !

Sur la grève

IMITÉ D'UN POÈTE DU NORD

Où vont tous mes soupirs ? Etranger sur la grève,
    Quel désir nourrit mes sanglots amers ?
Vers le monde inconnu que j'entrevois en rêve
    Qui m'emportera par delà les mers ?

En quête de savoir, infatigable apôtre,
    J'ai de cent chemins suivi le parcours ;
Je sais assez comment les jours, l'un après l'autre,
    Tombent tristement, pareils aux flots lourds.

La joie et la douleur ont frappé mon oreille
    De leur vieil accent facile à saisir ;
Je n'ai vu dans le fond qu'une note pareille
    Que l'homme ennuyé module à plaisir.

Où vont tous mes soupirs ? Etranger sur la grève
    Quel désir nourrit mes sanglots amers ?
Vers le monde inconnu que j'entrevois en rêve,
    Qui m'emportera par delà les mers ?

Soleils tombés

LES grands arbres de l'avenue
S'entrechoquaient étrangement,
Parlant une langue connue
Au cœur anxieux de l'amant.

Sous le haut peuplier qui tremble
Il entendait les mêmes voix
Qui les avaient bercés ensemble
Dans les extases d'autrefois.

La lune, dans sa pâleur chaste,
Le suivait d'un œil nonchalant,
Et répandait sur le ciel vaste
Comme une teinte de lait blanc.

Il demandait, plein de tristesse,
Quel amour n'a pas de linceul,
Et ce que faisait sa maîtresse,
Tandis qu'il pleurait morne et seul.

Il l'avait prise, loin du monde,
Par un beau jour des mois d'été,
Enfant mignonne, rose et blonde
Dans sa fleur de virginité ;

Ils avaient promené leurs rêves,
En effeuillant, ivres d'émois,
Autant de soupirs que les grèves,
Autant de chansons que les bois ;

Et maintenant que les années
Avaient fui, pour les désunir,
Comme un bouquet de fleurs fanées
Il retrouvait son souvenir.

Mais tandis qu'en son âme sombre
Passait son bonheur tout entier,
Il entendit parler dans l'ombre
Chacun des hôtes du sentier.

— « Que cherches-tu ? disait la mousse,
Tu meurs de regrets indécis,
Et moi j'ai reverdi, plus douce,
Le tertre jaune où tu t'assis. »

— « Enfant, murmuraient sur les berges
Les églantines des buissons,
Que font à nos fleurs toujours vierges
Tous les printemps que nous laissons ?

« Nous gardons encor nos épines,
Comme toi tes rêves déçus,
Mais bien des roses purpurines
Se sont ouvertes par dessus. »

— « Ecoute-nous, chantait l'abeille,
S'éveillant dans l'herbe à demi :
Qui sait, après l'aube vermeille,
La feuille où nous avons dormi ?

« Qui remonte aux anciennes heures,
Sous le beau ciel qui nous attend,
Quand le vieux miel, dans nos demeures,
Fond avec les neiges d'antan ?

« Pourquoi contre le sort aride,
D'impossibles rebellions ?
Le temps est une mer sans ride,
Fais comme nous, nous oublions. »

Soir breton

L E long du chemin creux qui voit blanchir la ferme,
Passent dans les rameaux de subites fraîcheurs ;
Le bouvier s'en revient et voici les faucheurs,
    Le jour est à son terme.

C'est l'Angelus qui tinte au fond du bois désert,
Et le cri-cri du soir et la verte rainette,
L'attelage lointain agitant sa sonnette,
    Adorable concert !

Ah ! ce pays charmant qui fait, à mon oreille,
Chanter la ferme douce et le labeur des champs,
N'est-ce pas, c'est ma Brie aux superbes couchants,
    La terre sans pareille ?

Je vais voir apparaître, au détour du chemin,
Une fille au teint brun, des rives de la Marne,
Beau type villageois en qui Juillet s'incarne,
    Sa faucille à la main.

Mirage décevant, passagère folie !
Non, ce souffle a passé sur Audierne ou Brest,
Et ce ciel qui me couvre est le ciel de l'ouest,
    Plein de mélancolie.

Celle qui vient là-bas est fille de Beg-Meil ;
Sur son large col blanc sa coiffe blanche ondule,
Et je la suis des yeux, tandis que la mer brûle
    Sous l'adieu du soleil.

La Mer trompeuse

A Madame Pauline P.

REGARDE évoluer là-bas ces barques blanches.
Dirait-on pas un vol d'oiseaux capricieux,
Qui tout à coup ont pris leur essor vers les cieux
Après avoir longtemps sautillé sous les branches ?

Prise d'une langueur, la mer de ses flots doux
Caresse les écueils qui rapprochent leurs têtes,
Faites aux sifflements farouches des tempêtes,
Tout drapés d'algue verte et de goëmon roux.

Dans sa robe d'azur aux dentelles de neige,
Sous sa parure d'or, scintillante de feux,
C'est bien l'enfant naïf qui se livre à ses jeux,
Et dont on suit de l'œil l'ensorcelant manège.

N'y crois pas ; dès demain, tu verras l'innocent
Engloutir les bateaux avec les équipages,
Et jeter en grondant les noyés sur les plages,
Livides, au milieu d'une écume de sang.

Car le Raz n'a pas d'âme et l'Océan exulte
A voir se rassembler plus nombreux chaque hiver,
La nuit, les revenants hurleurs, au linceul vert,
Sur ces bords que le flot bat comme un catapulte.

Je t'adore pourtant, ô mer qu'on prie en vain,
Mais dont rien n'est l'égal, et qui peux, d'une haleine,
Vomir quelque cadavre immense de baleine,
Pour nous dire un passé formidable et divin !

Pointe-du-Raz.

Le moulin

Qui me rendra le tic-tac du moulin
Et le grand saule, au bord de l'onde verte,
Les bois dormants, la tonnelle couverte,
Qu'elle égayait de son rire malin ?

Dans la rosée, au bout des champs d'avoine,
Qui me rendra nos rendez-vous du soir,
Du soir riant où je venais m'asseoir
Sous les vieux murs où croît la chélidoine ?

Ne cherchez plus, au fond de mon passé,
Ni mon amour, enivrante chimère,
Ni ma jeunesse au sourire éphémère,
Ils sont bien morts : *Quiescant in pace.*

Mon triste front, blanc comme un front de moine,
Se penche, seul, sur un fleuve écoulé,
Et mon bonheur, pierre à pierre écroulé,
Ressemble au mur où croît la chélidoine.

Chanson d'aurore

Deligere, diligere.

J'AI vu dans les prés verts les marguerites blanches,
Où des ailes d'argent se bercent par essaim,
La neige que janvier fait scintiller aux branches :
  J'ai préféré ton sein.

J'ai vu s'épanouir en splendeurs inconnues
L'or que la nuit fluide attache à ses flambeaux,
Et l'ocre des épis et le safran des nues :
  Tes cheveux sont plus beaux.

Le bleu myosotis dans le sentier sauvage
A tenté mes regards ; j'ai vu l'azur des cieux,
Le lapis-lazzuli de la mer sans rivage,
  Et j'ai cherché tes yeux.

J'ai froissé sous mes doigts la rouge cornaline,
La fleur des églantiers où la rosée a plu ;
Les pudeurs de l'aurore ont pourpré la colline...
        Et tes lèvres m'ont plu.

Les sylphes du printemps m'ont prié de leur fête,
L'Esprit de la forêt m'a murmuré : « Suis-moi » ;
Le cygne m'a dit : « Viens » ; la fleur : « Sois mon poëte »...
        Et je n'aime que toi.

Chanson du soir

O blondes enfants, têtes que l'aube irise,
Nymphes aux doux yeux, aux bras blancs, au beau sein,
Vous vous enfuyez devant ma tête grise
      Comme un fol essaim.

Vous ne savez pas, ô vierges ingénues,
Quelle âme l'oiseau met dans son dernier chant,
Ni de quels rayons s'illuminent les nues,
      Au soleil couchant.

Vous ne savez pas quelle douce ardeur règne
Dans le fond des cœurs qui vont se refermer,
Et quand l'heure vient où l'amour vous dédaigne
      Comme on sait aimer.

Evocation

A M. C. Bouhoure

Un très vieux air que j'entends
Me rappelle aux anciens temps,
Au temps des blondes marquises,
Qui, dans leur grand parc, sous bois,
Se parlaient à demi-voix,
Avec des douceurs exquises.

Les voilà dans les taillis,
Qui mêlent leur gazouillis
A celui de leur volière,
Et passent, groupe fleuri,
Des romans de Scudéry
Au roman de la Vallière.

A ces histoires d'amour
La mère, qui sait la cour,
Sent revivre son histoire,
Et la fille, en minaudant,
A caché son trouble ardent
Sous son éventail d'ivoire.

Le jour baisse, il se fait tard ;
Et les robes de brocard,
S'enfuyant par les allées
Où la fauvette s'endort,
Sèment, sur le sable d'or,
Comme des chansons ailées.

O printemps ensevelis,
Figures au teint de lis,
Aux chevelures ambrées
Dont le doux parfum me mord,
J'embrasse, à travers la mort,
Vos bouches décolorées.

Le joueur d'orgue

Près des massifs où le bouleau pleure,
 Nous avions fui sous un frais couvert,
Et, les yeux clos, nous oubliions l'heure,
Assis tous deux sur le tertre vert.

Quittant pour nous la route prochaine
Un joueur d'orgue, aux grands yeux chagrins,
Avait posé sa boîte de chêne
D'où s'envolaient de vagues refrains.

Que murmurait mon âme charmée ?
Que me disaient, de leur double voix,
Les airs naïfs, l'haleine embaumée,
L'orgue plaintif et l'esprit des bois ?

Tout le passé me rouvrait ses fastes,
Et je sentais, noyé dans sa mer,
Se réveiller les visions chastes,
Les doux instants et le deuil amer.

L'asile frais des amours premières
Montrait encor ses lointains bosquets,
Où les lilas, les roses trémières,
A l'adorée offraient des bouquets.

Le timbre aimé d'une voix plus chère
Sonnait au loin comme un chant d'oiseau,
Et les lieds que sait une mère
Charmaient l'enfant qui dort au berceau.

Sous le toucher de la mélodie
Je frissonnais et, de toutes parts,
Les airs perdus qui font notre vie
Réunissaient leurs lambeaux épars.

Ah ! dans ces jours où le cœur qui pèse
Gît, sans essor, sous un ciel couvert,
Qui me rendra, pour pleurer à l'aise,
Le joueur d'orgue et le tertre vert ?

Au peintre Ch. L.

Accusé de réception

SALUT à tes jeux, divine peinture,
          Par qui la Nature
Se ravive et rit comme aux plus beaux jours !
J'ai là ton tableau, qu'importe l'espace !
          Devant mes yeux passe
Ce site enchanteur que je vois toujours.

Sur le Morbihan et dans ma Bretagne
          Où parfois me gagne
Le souci de tout ce qui fut mon cœur ;

Au barde morose, errant d'île en île,
    Ta suave idylle
Des songes émus ramène le chœur.

Plus fort que ceux-là, fiers de leur caprice,
    Dont tout l'artifice
Vise à corriger le tableau divin,
Tu prends corps à corps le feuillage et l'onde,
    Et ta main féconde
Sacrifie au vrai le mirage vain.

Oui, ce sont bien là les bords de l'Yère,
    La verte rivière,
A laquelle, enfant, le sort me lia.
Là ma muse est née — ô deuil que j'emporte,
    Là ma muse est morte
En rêvant d'amour, comme Ophélia.

Mirant quelque nymphe aux blanches épaules,
    A l'ombre des saules
Ma jeunesse et l'eau coulaient à pleins bords,
Et les mille voix du pays celtique,
    Et tout l'Atlantique
Ne me rendront pas leurs lointains accords.

Mais non, rien n'a fui de mon élysée,
          L'Art et la Pensée
En se complétant ont fixé ce ciel,
Et ce paysage au courant de flamme,
          Ta main et mon âme,
L'immobilisant, l'ont fait éternel.

A Ernest Renan

Vers lus au banquet celtique du 2 août 1884 à Tréguier

MAITRE, vous le savez, chez nos aïeux antiques,
Quand un de ces chercheurs de mondes fantastiques,
Dont la foi dirigeait la barque ou les vaisseaux,
Posait enfin le pied sur la grève natale,
L'œil encore ébloui de la terre idéale

      Qu'il avait vue au sein des eaux,
La foule l'entourait avec un doux murmure,
Chacun était jaloux d'entrevoir sa figure,
D'écouter le récit du nocher radieux,
De respirer un peu de ce parfum céleste
Qui flottait sur ses pas, en signe manifeste

      De sa rencontre avec les dieux.

Ainsi, Maître, qui sur les plages
Où fleurissait votre printemps
Revenez de tant de voyages
Et dans l'espace et dans le temps,
Nous vous entourons, troupe avide,
Essayant de voir l'Hespéride
Dont les feux vous ont étoilé,
D'entendre l'aile qui vous touche,
Et de saisir, sur votre bouche,
L'Idéal qui vous a parlé.

Idéal vivant et sublime,
Il enchaînait vos pas d'un mystique lien
Sous les vieux remparts de Solyme,
Sous le beau ciel italien.
Grâce au divin éclat qu'il versait sur vos pages,
La vérité pour nous, remplaçait ses images,
Ambiguités et nuages
Se dissipaient tour à tour,
Et de cet Orient, aux visions funèbres,
D'où nous venaient les ténèbres
Vous nous rapportiez le jour.

Cet Idéal, c'est lui qui vous ramène encore
Dans ce pays natal, à la magique voix,
Dont le couchant paisible a des lueurs d'aurore,

Et dont le charme est fait des choses d'autrefois.
Fidèle au souvenir, avec qui l'on divorce,
   Il a hâté votre retour
Vers ce vieux sol pétri de douceur et de force
Où le flot gronde, où croît le chêne à rude écorce :
   « Bois au milieu, mer à l'entour ».

Ne l'avez-vous pas dit : ses nautonniers antiques
Dont, sur toutes les mers, s'éparpillait l'essaim,
Les anciens clans d'Arvor, les laboureurs celtiques
   Reprennent vie en votre sein ?

Qu'il nous soit donc permis — car un frisson nous gagne —
De saluer ici, maître puissant et doux,
Avec votre grand nom que la gloire accompagne,
   L'âme même de la Bretagne,
   Visible au milieu de nous.

A Ernest Renan

Vers lus au banquet Celtique de Quimper, le 18 août 1885.

Ainsi le Souvenir, cloche qui chante et prie,
A tinté doucement au fond de votre vie,
Comme la cloche d'Is sous l'étang de Laoual,
Et vous a ramené vers le pays natal.
Grâce à ces sons voilés, dont votre cœur tressaille,
Nous voici de Tréguier passés en Cornouaille,
Et nous pouvons encore, ô grand maître breton,
Nous asseoir avec vous au banquet de Platon.
C'en est fait, l'Armorique a, comme Viviane
Sevrant un jour Merlin de tout amour profane
Et l'enchaînant, jalouse, à sa seule beauté,
Enfermé votre esprit dans un cercle enchanté.
Ses bois sont devenus pour vous Brocéliande ;
Un charme vous retient sur les prés, sur la lande,

Et, les yeux enivrés de sa mer, de son ciel,
Vous êtes, pour toujours, repris par Breiz-Izel.
Adieu les cieux dorés que, loin du cloître terne,
Vous avez vus d'abord, Averrhoès moderne,
Tout brûlant d'accomplir de merveilleux travaux,
L'Italie où, blessé de deux amours rivaux,
Vous vous sentiez glisser, par une pente égale,
Vers la Rome païenne et la Rome papale,
Rayonnant toutes deux des chefs-d'œuvre de l'Art !
Adieu même l'Attique où, voyageant plus tard,
De votre hymne divin à Pallas Eurythmie
Vous eussiez réveillé la déesse endormie,
Si le réveil des Dieux était possible encor !
Adieu la Palestine avec ses sables d'or
Et la cité biblique en son deuil absorbée,
Où pleure à tout jamais une tête nimbée !
Laissant ces bords fameux, de soleil éblouis,
Vos souvenirs d'enfance ont cherché le pays.
Bretagne ! a dit tout bas leur douceur qui vous gagne,
Bretagne ! et votre cœur a répondu : Bretagne !
Mais qui donc, né breton, pour toujours oublîrait
Le sol de Duguesclin et de Malo Corret,
La terre où Lamennais naquit, où, pâle et triste,
Chanta, les yeux au ciel, Brizeux, le doux artiste,
Où René vint, esprit plus que les flots amer,
Dormir au grondement éternel de la mer ?

La Bretagne, ô grand maître, elle est là, tout entière,
Pressée autour de vous, dans sa gravité fière,
Et, parmi tant de cœurs de l'Idéal épris,
Nul, mieux que ses enfants, ne vous aura compris ;
Car, au fond de tout Celte, âme aux fraîches nymphées,
Il est, vous l'avez dit, une source des fées,
Un magique bassin, dont le miroir uni,
Vaste, profond et clair, reflète l'infini.

A un barde

A Monsieur Adolphe Paban.

BARDE Breton, qui vas partout cherchant les Dieux,
N'as-tu pas rencontré, dis-moi, la belle Urgande,
Et les vieux saints venus, à la voile, d'Irlande,
Dans une auge de pierre, en péril des flots bleus ?

N'as-tu pas découvert, dans quelque Brocéliande,
Le manteau de Merlin, assez grand pour nous deux ?
As-tu point recueilli, comme un tendre amoureux,
Des cheveux de Viviane, accrochés dans la lande ?

As-tu trouvé la Table où s'est assis Arthur,
Au vieux temps que les Preux, ivres d'hydromel pur,
Chantèrent les bardits, couronnés d'aubépine ;

Ou, quand tu te sens las à l'approche du soir,
Pour étancher ta soif, as-tu, sous le bois noir,
Bu dans l'urne enchantée où buvait Mélusine?

Nov. 188...

ARY RENAN

A Monsieur Ary Renan

Non, non, même en Bretagne où le vent, par bouffées,
Nous souffle les parfums de lointains paradis,
Il nous faut renoncer aux songes de jadis,
Beaux songes emplissant les âmes réchauffées.

Ils n'apparaissent plus, chargés de leurs trophées,
Les héros qui chantaient les antiques bardits ;
La mer engloutirait les vieux saints interdits ;
Morts sont les dieux païens, mortes aussi les fées.

Une pourtant survit, et, sous nos cieux dormants,
Sait accomplir encor tous les enchantements.
Elle accourt, du pays où l'Aurore se lève,

Dès que dans ta famille elle voit des berceaux.
C'est elle que Scheffer poursuivait en son rêve ;
Qui sourit à ton père et qui tient tes pinceaux.

A la statue de Brizeux

Vers lus à Lorient le 9 septembre 1888.

Salut, ô Breton, salut, ô poète,
Chaste amant de l'Art et de la Beauté ;
L'Art que tu servais pour payer sa dette
    T'a ressuscité.

Sur le tombeau noir prenant sa revanche,
Il t'a retiré ce poids accablant
Et t'a fait surgir, forme svelte et blanche,
    Dans le marbre blanc.

Si tu dors là-bas sous ton chêne sombre,
Bercé par la brise et le flot bruyant,
Tu revis ici pour des jours sans nombre,
    Fils de Lorient.

Te voilà debout, dans toute ta sève,
Le masque éclairé d'un sourire fin,
Regardant au loin, plongé dans un rêve
    Qui sera sans fin.

Ce rêve est celui qu'un beau soir d'automne,
T'apporta du ciel quelque sylphe ailé,
Lorsque tu créas l'idylle bretonne
    Au bord de l'Ellé;

Lorsque tu trouvas, fier de ta patrie,
Après Théocrite à glaner encor,
En chantant les tiens, en suivant Marie
    Sur la lande d'or.

Elle n'est plus là, ta naïve idole,
Mais elle a des sœurs, et tu peux les voir,
Les lis de l'Ellé, du Scorf, de l'Isole,
    Les fleurs de blé noir.

Va, laisse sans peur, vivante Statue,
Tomber sur leurs fronts ton regard errant;
Tu ne diras plus que la beauté tue :
    Elle t'a fait grand.

Qui pourrait, du reste, empêcher ton ombre
De reprendre en paix son rêve abrégé
Sous notre grand ciel, fatidique et sombre,
  Où rien n'a changé ?

Dans ce flot humain quel parler te nomme ?
N'est-ce pas toujours celui dont le ton,
Si doux chez la femme, est si franc chez l'homme,
  Le parler breton ?

Les filles du Scorff sous leurs coiffes blanches,
Sous leurs chupen bleus les garçons de Scaër, (*)
Velours sur le col ou velours aux manches,
  N'ont-ils plus grand air ?

Ce bruit de clairon que le vent t'apporte,
N'est-ce pas le bruit tout jeune entendu,
L'hymne de la mer, ta nourrice forte,
  Aux rocs du Pouldu ?

Près de ce grand souffle aux notes acerbes,
Ce soupir léger, ce lointain accord,
N'est-ce pas celui que rendent les herbes,
  Sur l'étang du Rorh ?

(*) on prononce Skèr.

Voici le Moustoir, Kemperlé... regarde,
Ce sont des danseurs prenant leurs ébats ;
Sur le Gorreker j'entends la bombarde
    Qui marque le pas.

Là bas, de l'Odet l'onde familière,
Aux bords où longtemps ton vers butina,
Fuit avec le chant de ta batelière,
    La blonde Tina.

Plus loin, c'est le Raz que la terreur hante,
Les bateaux souvent changés en cercueils,
Les flots soulevés, la mer aboyante
    Autour des écueils...

Laissant fuir du temps la course infinie,
Comme aux jours anciens elle garde encor
Toute sa grandeur et son harmonie,
    La terre d'Arvor...

Mais dans l'air ému, des voix sans pareilles,
Des sons enchanteurs m'entraînent vers eux.
L'invisible chœur dit à mes oreilles
    Le nom de Brizeux.

Ce sont les esprits des bardes antiques
Qui volent autour de ce monument ;
Pour l'apothéose, ô harpes celtiques,
    Vibrez longuement.

Au front de Brizeux posez la couronne,
Blanche Velléda, prêtresse de Sein,
Vieux Merlin, et toi qu'une aube environne,
    O Taliésin !

C'est bien votre fils que ce jeune barde ;
Il a trop longtemps attendu son jour,
Mais cet heureux jour est, du moins, s'il tarde,
    Sans fin ni retour.

Faisant éternel tout ce qui le touche,
La gloire à jamais l'a pris pour amant,
Et de son baiser va brûler sa bouche
    Eternellement.

Le bon recteur

L<small>E</small> recteur, il l'est bien, ce vieillard aux yeux doux
Qui marche en s'appuyant sur son bâton de houx,
Ce bon prêtre breton, mais à la mode antique,
Perdu dans ce village, au bord de l'Atlantique.
Il sait ce qu'il leur faut, à ces marins pêcheurs,
Mieux que tous les savants, mieux que tous les prêcheurs.
La piété, l'amour et la grâce innocente
Les ont tous réunis sous sa main bénissante.
S'il entre sous le chaume aux midis étouffants,
Où la femme recoud le chupen des enfants,
Où l'homme au ciré brun fume sa grosse pipe,
Il ne dit pas : « Es-tu pour Carnot ou Philippe ?
T'es-tu permis encor quelque vote interdit ?
Prends-tu pour tes garçons l'instituteur maudit ? »
Il est l'homme de tous, il ne sait pas maudire.
Il n'interroge pas avec un mauvais rire ;

Non, il embrasse au front l'enfant, il met la main
Dans la main du pêcheur qui songe au lendemain
En écoutant bruire et se briser la lame.
Chez l'un il oint le corps, chez l'autre il panse l'âme,
L'œil fixé sur Jésus, il est bon, il est droit.
Se sent-il dans le cœur un sentiment étroit,
Une haine qui monte, il l'a bientôt bannie
En contemplant le ciel et la mer infinie,
Cette mer qui, chantant le même Dieu qu'il sert,
De tous ses flots fondus fait un si grand concert.
Il les conduit ainsi, ces abatteurs de pommes,
Ces pêcheurs de poissons, lui, le doux pêcheur d'hommes,
Naïvement, sans peine et sans tapage vain,
Vers la religion, vers l'idéal divin.
Les vieux saints d'autrefois l'approuvent dans leurs niches ;
De son esprit de paix ses ouailles sont riches ;
Il allège leur vie, il adoucit leur mort.
Serait-il le dernier, ce bon prêtre d'Armor ?

Toute l'Armorique

J'AIME Penmarc'h et sa presqu'île,
Qui s'ouvre, libre, au vent amer,
Son horizon vaste et tranquille,
L'inquiétude de sa mer.

Religion, monde féerique,
Mondes marin et pastoral,
C'est ici toute l'Armorique
Poursuivant son rêve ancestral.

De quelque côté qu'on regarde,
Ce ne sont que grands prés dormants,
Vaches qu'un petit pâtre garde,
Chèvres folâtres et juments.

Des églises aux tours carrées
Conservent, hiver comme été,
Malgré tempêtes et marées,
Leur sublime immobilité.

Contemporaines des vieux âges,
Et rêvant d'enfers ou d'édens,
Elles contemplent les villages,
Sous leur dorure de lichens.

Au pied sont des chaumières grises
Où les femmes, près des chenêts,
Content les légendes apprises
Aux lueurs d'un feu de genêts.

Ici les corbeaux, les mouettes,
Vivent en accord fraternel
Avec les frêles alouettes
Chantant à plein cœur dans le ciel.

Le pasteur des troupeaux champêtres,
Droit, dans ses haillons frissonnants,
Suit des yeux, parmi les rocs traîtres,
Le pasteur des flots moutonnants.

Le même souffle enfle la voile
Des barques, dans leur lit mouvant,
Et vient faire claquer la toile,
Aux ailes des moulins à vent.

Bigoudenn au profil austère,
Jeunes filles de Kerity,
Ouvrent et retournent la terre,
Lorsque l'homme en mer est parti ;

Ou, toujours au travail fidèles,
Raccommodent les filets lourds,
Tandis que les blés auprès d'elles
Brisent leurs vagues de velours.

Car, la moisson sera superbe,
Les gerbes d'or paîront les rêts ;
Le goëmon fait pousser l'herbe,
L'Océan nourrit les guérets.

J'aime Penmarc'h et sa presqu'île,
Qui s'ouvre, libre, au vent amer,
Son horizon vaste et tranquille,
L'inquiétude de sa mer.

Je suis fils du passé

A Gustave Salavy

JE suis fils du passé que l'Art païen décore,
   Dont l'âme en mille voix éclate et se répand ;
Sur ce monde endormi, j'entends passer encore
   Le souffle immense du grand Pan.

Sous les portiques blancs où Phryné se promène
J'ai vêtu la chlamyde et, dans les saints parvis,
Contemplé, tout un jour, avec des yeux ravis,
   La Vénus Anadyomène.

Voilà pourquoi, Bretagne, à ton ciel étranger,
Je cherche une mer bleue à l'ombre de tes roches,
Pourquoi ta voix plaintive et le son de tes cloches
   Ne me font pas toujours songer.

Le cœur fermé

Voici les champs blonds pleins d'abeilles,
  Plein de roses le grand jardin
Où le vent au souffle badin
Fait épanouir des merveilles.

Vas-tu rouvrir, ô mois de mai,
Mon pauvre cœur longtemps fermé ?

Les beaux coqs rouges dans la ferme,
L'hirondelle en haut du clocher
Ont dit au printemps d'approcher,
Le long hiver est à son terme.

Salut, salut, ô mois de mai,
Vas-tu rouvrir mon cœur fermé ?

Sur les rivages de l'Yère
Je veux voir refleurir les prés
Et les beaux songes diaprés
Qui berçaient ma saison première.

Salut, salut, ô mois de mai,
Vas-tu rouvrir mon cœur fermé ?

Là tout mon être a son histoire,
Là, pour plus d'un nom effacé,
Sur l'arbre vert de mon passé
Croît le Souvenir, rose noire.

Salut, salut, ô mois de mai,
Vas-tu rouvrir mon cœur fermé ?

Là revient ma mère, ombre douce,
Sous les lilas au frais parfum,
Là mon père, auguste défunt,
A guidé mes pas sur la mousse.

Salut, salut, ô mois de mai,
Vas-tu rouvrir mon cœur fermé ?

Dans le parc aux arbres superbes
Que l'on échangea pour de l'or,
Leurs yeux me regardent encor,
Leur voix m'appelle sous les herbes.

Salut, salut, ô mois de mai,
Vas-tu rouvrir mon cœur fermé ?

Non loin du pressoir, de la ferme,
Où la mort n'a rien de hideux,
Bientôt j'irai dormir près d'eux
Dans la tombe qui les renferme.

Salut, salut, ô mois de mai,
Tu viens d'ouvrir mon cœur fermé.

Nature et Humanité

*A mes amis, après la publication
de mes poésies politiques.*

— Eh quoi ! tes vers légers ont déserté la plaine,
Leur groupe insouciant, qui jouait sous le ciel,
Aux passions de l'homme adresse un sombre appel,
De funèbres échos ta poésie est pleine !

Adieu le chant des bois, la vague cantilène,
Et les enivrements de l'être universel,
Le sphynx mystérieux, le centaure éternel,
Dont la poitrine en feu souffle une immense haleine !

— Amis, pardonnez-moi, ce n'est pas vanité,
C'est que chacun de nous, lorsque l'esprit l'éclaire,
Doit affirmer son pacte avec l'humanité,

Et que je veux plus tôt, Nature tutélaire,
Dégonflé de ma haine et pur de ma colère,
Me rasseoir, pour toujours, dans ta sérénité.

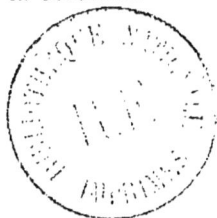

TABLE

—

AU BORD
DE LA MER BRETONNE

TABLE   149

Pages.

TABLE 151

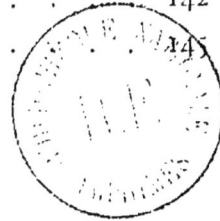

Achevé d'imprimer

le dix Juin mil huit cent quatre-vingt-quatorze

pour

HYACINTHE CAILLIÈRE, ÉDITEUR

à RENNES

par

LEMERCIER ET ALLIOT

à NIORT

www.ingramcontent.com/pod-product-compliance
Lightning Source LLC
Chambersburg PA
CBHW050001100426
42739CB00011B/2468